खिड़की

काव्य संग्रह

रावेन्द्र कुमार

pencil

ISBN 978-93-5610-905-6

Published in India 2022 by Pencil

Contributors:
Editor: Amol
Editor: Amol

A brand of
One Point Six Technologies Pvt. Ltd.
123, Building J2, Shram Seva Premises,
Wadala Truck Terminal, Wadala (E)
Mumbai 400037, Maharashtra, INDIA
E connect@thepencilapp.com
W www.thepencilapp.com

Author biography

जन्म: 09 सितम्बर 1995 , हमीरपुर, उत्तर प्रदेश |

शिक्षा: जवाहर नवोदय विद्यालय, हमीरपुर से प्रारंभिक शिक्षा तथा फिर राजधानी कॉलेज, दिल्ली विश्वविद्यालय से अर्थशास्त्र विषय में स्नातक की उपाधि प्राप्त की, तदुपरांत भारतीय संख्याकी संस्थान से मात्रतात्मक अर्थशास्त्र विषय पर परास्नातक की उपाधि प्राप्त की |

गतिविधियाँ: वर्तमान में निजी क्षेत्र की कंपनी EY में वरिष्ठ सलाहकार के पद पर आशीन है | इसके पूर्व में वह नवीकरणीय ऊर्जा के खेत्र में सहायक प्रबंधक के रूप में कार्यरत रहे है | कविताएं लिखना, ब्लॉग्गिंग करना, खेल कूद करना, खाली समय में पढ़ाई करना पसंद है |

CONTENTS

अंतर्द्वंद्व

जोइंसान सरासर पत्थर हो,
मत सोचो की उससे टक्कर हो ।
फिर भी अकिञ्चित मन ये ये कहता हो,
की चलो एक ही बार करो,
तो कहकर समझा दो उस नादानी को,
वो अदम्य भगवान सरीखा टुकड़ा है,
जो निर्दय बौछारों में जीना सीखा है,
दो पल, रुको, कुछ तो अपना मोल धरो,
कड़ी धुप में व्यर्थ वेदना पाओगे,
उसकी बनी कुचाले समझ न पाओगें ।
जिसका गरल सोम सरीखा है,
क्यों उस प्याली को आधार धरो ?
मनवा, मानो मस्तराम बनो,
जो नहीं है अपना उससे गुमनाम बनो,
ग़र हो सके तो संग्राम बनो ।

तेरे अश्क़ की कीमत नहीं जहाँ पर,

वहां कुपित कठोर कनक कृपण बनो II

इश्क़ की सीख

क्याहुआ जो इश्क़ हुआ?
फिर तू इश्क़ से ऐसे रूबरू हुआ I
दो पल रुक कर वो कली बना,
फिर उन्होंने आकर खुद ही मशल दिया।I

येदेखकर सोचा! वो भी रोया होगा,
फिर कैसे ये सिलसिला शुरू हुआ I
हँसा- खिला और वो जवान बना,
फिर उन्होंने आकर खुद ही कतर दिया।I

अब जाकर ये समझ में आया!
फिर तू नई हकीकत से रूबरू हुआ I
जो क्षण थे केवल उनके बनते थे,
फिर उन्होंने आकर खुद ही छीन लिया।I

उनसे खुश नही, अब कोई जहाँ में,
फिर कैसे, केवल तू ही गुमराह हुआ I

समय नही हमराह था तेरा तो,
फिर उन्होंने आकर खुद ही सब खत्म किया।।

क्या हुआ जो इश्क़ हुआ ?

एक रात

कोई जग रहा है क्या इस अकेले चाँद के साथ?
चाँद को ढक रखा है बर्फ की एक चादर ने
देखो अंधेरा बहुत घना है...
बाहर कुत्ते भी भौंक रहे है...
सियारों की आवाज भी आ रही रही है गांव के दूर से...
लगता है वो "पहलवान की ढोलक" आज फिरसे बोलेगी...
"धा तिरकिट धा तिरकिट धा"...
क्या फिर कुछ डरावना सा होने वाला है इस गांव में?
मैं तो डरा हूँ ...
सोच रहा हूँ....
क्या आप भी???
जगते रहो आप भी इस चाँद के ही साथ।
तुम अपना आंगन देखो और मैं अपना।
तुम अपनी मेड देखो बालकनी से...
और मैं अपनी कोठरी का कोना,

फटा हुआ बिछौना,
टूटी हुई वैशाखी लालटेन के साथ।।

जीने जी जद्दोजहद

क्योरूठी तमन्ना है मेरी मुझसे?
कच्ची उमर में बैठा हूँ ऐसे।
माई ने भेजा मुझे
पैसे कमाने को,
सपना मेरा था कभी
छोटू संग स्कूल जाने को।
देखता हूं लिखा हुआ
तो,अभी भी लगता है कि
पड़ सकता हूँ जैसे ।
सहसा याद आती है , मालिक की,
तब लगता है कि,
कुछ नही कर सकता हु ऐसे।
अखबारों पर चाकू चलाने का
दिल नही करता,
पर क्या करूँ ?
चाकू न चलाऊ तो !

शाम को पेट भर खाना भी नही मिलता।

रात को रोता हु◌ू◌ँ,

अखबारी तस्वीरों को याद करके।

सोचता हूं की!

काश पन्ने पड़ ही पाता उनके।

मम्मी ने बोला था,

एक दिन छोटू से मिलाएगी ।

पर कल छोटू ही,

मुँह फेर गया ।

जब देखा मैनें उसे,

अपने पापा की स्कूटी में बैठे।

...... अबे जल्दी कर ग्राहक भगाएगा क्या?

ओह्ह!! कंहा था मन मेरा?

बस अभी लाया मालिक!

छोटे-छोटे करके।।

उड़ती तस्वीरें

वह मुट्ठी की रेत सी फिसलती गयी हाथ से ,
यहाँ, हर मंजर मेरा जर्रा-जर्रा टूटता चला गया |
वो किसी काँच सा जिस्म को तोड़ती गयी,
और मैं टूटी सीपियों सा उसे जोड़ता चला गया ||

आग की झुलस थी उसकी हर बात में,
और मैं नैनो के नीर से उन्हें बुझाता चला गया |
इश्क़ कहाँ, बस दूरियां थी रुसवाई थी,
और मैं तिनको-तिनको से उसे पाटता चला गया ||

कुछ तो कारण होगा उसके जज्बातों में,
मैं ही तो उन्हें खुद से ठुकराता चला गया |
आती थी यादें धीमी हवाओं के चलने पर कभी,
समय क साथ मैं ही कन्हि भुलाता चला गया ||

उलझने

वोकहती थी कि मैं अपना इतिहास किसी को बताया न करूं,
उसका कहना था कि भरी महफ़िल में लोग इसका मजाक उड़ाते हैं।
अब क्या ही कहता उस नदान को नासमझो की अंजुमन में?
लब्ज यही काफी है मेरे की, सही से देख लोग इसी से घबराते हैं।।
हां वो बात अलग है कि उस मजाक से तुझको रुसवाई है,
पर यकीन मान मेरा यह मेरी जिंदगी है और सब ऐसे ही बनाते हैं।
बेपरदा होते है लोग क्योंकि परदो की कोई उम्र नही होती है,
जिंदगी की आखिरी लड़ाई मे तेरे उम्र भर के पर्दे तेरे ही जलाते हैं।।
एक गैर की टिप्पणी ग़र अकारण मेरा, मेरा विचार बदल दे,
तो क्या मैं स्थिर हूं ? ऐसे अवांछित प्रश्न आकर खडे हो जाते हैं।

कुछ उनके कहने से या तेरे कहने से क्या ही होगा इस गुलदस्ते का?

यह जिंदगी है "बाबू मोशाय" यहां वही चलता है जो तराशे जाते हैं।।

ग़र रोक लेते

ग़ र रोक लेते, तुम अश्रु मेरे।
ये नयन यूँ निर्झर न होते।।

ग़ र देख लेते, तुम बेबसी मेरी।
तेरे दिल से यूँ बेघर न होते।।

नबनती आदत, रुक जाने की।
न सोंचती सांसे, रुक जाने को।।

ग़ र चलती हवाएं, यादों की तेरी।
तेरे दिल से यूँ रुख़सत न होते।।

ग़ र भांपते, खामोशियाँ को मेरी ।
इन होंठो की ये लालिमा न जाती ।।

एक तेरे सहारे

बैठ तक़दीर सहारे आज भी,
मैं तेरी राह ताकता हूँ,
तू मिल जाएगी मुझको,
ये ख्वाब आंकता हूँ ||
मेरी गुमनामी का मलाल भी नही तुझको,
पर जिस राह तू जाती है,
मैं वो हर राह जानता हूँ ||
सुनसान गलियों का राही हो गया हूँ,
आजकल हूँ आवारा, पागल,
दीवाना ये रोज सुनता हूँ ||
बिन तेरे जीने की कोशिश कर रहा हूँ मैं आज भी,
कमबख्त ये आदत बनाने के वास्ते सारी रात जागता हूँ ||
मेरी जिंदगी की राहों में लुटा हुआ समां है,
जो बरसता नहीं बादल, वो आ थमा है ||
तेरी यादों में अब कैद है मेरी जिंदगी,
हो सके तो लौटा दे मेरी धड़कन, जो तेरे पास जमा हैं ||

वादाखिलाफी

कं हा हर लम्हा था हमारा !
हिमालय की बुलंदियों पर,
और आज वक्त एक ही रंजिश ने,
समंदर में तबादला कर दिया।

वा दा था "उस" हमसफ़र का,
हर मोड़ पर मिलने का !
पर उनकी हर साजिश ने,
उनका हमसे ही फासला बड़ा दिया।

तू प्रीत मेरी

मैं ताल तेरा,

तू संगीत मेरी,

हर हार मेरी,

हर जीत तेरी,

हर हाथ मेरा,

हर रंग तेरा,

हर सपने तेरे,

और मेहनत मेरी,

हर अश्क़ तेरा,

और हथेली मेरी,

हर खुशी तेरी,

और शोहरत तेरी,

सावन के बारिश की हर बून्द हो तेरी।

बस ऐसी हो प्रीत मेरी।।

मैंराग तेरा,

तू विलाप मेरी,
हर इकरार मेरा,
हर इनकार तेरा,
हर विछड़न मेरी,
हर आवेश तेरा,
हर नासमझ तेरी,
हर बेचैनी मेरी,
हर तकरार तेरी,
और क्रंदन मेरा,
हर हँसी तेरी,
और दुनियाँ तेरी,
बहती नदी की हर धार तेरी।
कुछ ऐसी है प्रीत मेरी।।

आशातीत

सो चता हूँ मैं आज बैठ कर,
अलविदा अब कह दूं तुमको।
फिर बारी बारी न आओगी,
ऐसी बारिश सी न बरसोगी।।
है बड़ा उचकोत रेतीला तेरा,
जाती हुई बेला कह दूं तुमको।
तब तन मन पीड़ा न लाओगी,
ऐसी विरह सी न तड़पाओगी।।
अलिंगन करलूं प्रभात किरण को,
अब मेरी निष्ठा नही रही तुमको।
चाहे ला दो चमत्कार चहुभुज से,
निद्रालस! मुझे न अब पाओगी।।

स्वच्छन्द अहसास

तू धड़कन है उन अहसासों की ,
जो पलक ढले ही गुम हो जाये |
तू हकीकत है उन लम्हो की ,
जो जाकर वापस न आये||
ऐ जिंदगी तू कितनी झूठी है,
क्यू सिखाती है वो ही जो समझ न आये ?
मेरे कर्मो-ओ-खुदा जितना भी सीखा है,
आजमाना चाहा है हरदम |
गए है जिस भी मंजिल तले,
टूटा पाया अपना हर कदम |
ऐ उम्र-ए-तजुर्बे क्यू बताई है वो ही रांहे?
जो ठीक मंजिल के समीप ही ख़त्म हो जाये॥
कह सकते है कुछ लोग,
कि नही किया होगा प्रयाश मैने |
पर नही है सच ये कहना तुम्हारा,
बचा रखी थी मैने भी कुछ आश

इसलिए बदली थी मंजिले राहों के साथ

कमबख्त गयी और भी वो बढ़ हमारी चालो के साथ ॥

एक्सीडेंट की दिनचर्या

आ ज सुबह हाइवे पर सड़क लहूलुहान थी
गाड़ियों की तेज रफ़्तार में
एक हल्की सी चीख थी
सुनना बहुत मुश्किल था
तेज ठण्ड में कोहरा भी बहुत था
ऐसा नही है कोई सुन नही पा रहा था
पर वास्तम में खुदगर्ज जिंदगी से
इंसानियत सर्मसार थी
लोग बढ़ते जा रहे थे
कुछ नज़र भी फेर रहे थे
उनमे एक महासय सायद शेल्फी भी ले रहे थे
कुछ का ह्रदय विशाल निकला
सायद उनकी आत्मा में,
कुछ हया थी,
तभी तो भाई साहेब ने 101 पर
कॉल की,

तेज चीख अब हल्की सिसकी बन रही थी
लाश जैसी पड़े थी वो
पर जिंदगी के संघर्ष में हार नही रही थी
ट्रैफिक की पुलिस सो रही थी
घंटी बजी तो उठी,
पहुच गयी घटनास्थल पर
तड़पता शरीर लेकर अपनी गाड़ी पर
और इतनी तेज रफ्तार पुलिस की
की पूछो ही मत!
अब तक हार चुकी वो बेचारी
न चीख थी न पुकार थी
पुलिस ने अब बैठकर केस बनाया
एक्सीडेंट का सीन था
FIR भी कर दी उसने
पर मामला कहा घम्भीर था
कुछ दिन बीत गए
ये खत्म ही होता
चार दिन बाद फिर उसी सड़क पर
उसी जगह
उसी समय
एक नई चीख थी

हमारे भ्रस्ट सिस्टम की

ये जीती जागती मिशाल थी |

बातूनी सपना

रा त्रि के अँधेरे में
अपनों के बनाये खंडरो के बीच लेता हूँ
और रोज ही तो लेटता हूँ |
फिर क्यों? आज हीये सोच रहा हूँ
सोच रहा हूँ की,
ये गिरती हुयी दीवारे कुछ कह रही है मुझसे
बता रही है शायद की,
मेरी नकमियो ने उनको बदसूरत बना दिया है
उनकी गिरती ईंट, मेरा मनोबल तोड़ रही है
तेज़ हवाओ में उनकी उड़ती धूल
मुझे अंदर तक झकजोर रही है
कह रहीं है शायद, की
उनकी गिरती मिटटी मुझे समेटनी पड़ेगी
नहीं तो मेरा साथ वो आगे बिलकुल नहीं देंगी ...
ऐ! ये कौन बोल रहा है की,
"गिरती को संभालना आसान है गिरी को उठाने से"

सामने तो आओ
और बताओ मुझको की कैसे तुम सही हो !!
आओ बताओ न !!
अगर सही हुए तुम तो
कल ही मै बढ़ई, लोहार, और कुम्हार के पास जाऊंगा
बात करुगा उनसे तुमको संवारने की
अरे इसलिए नहीं की मै आराम चाहता हूँ
बस वो तो इसलिए की मै आदि हो गया हूँ
तुम्हारे साथ रहने का
ये उड़ती धूल और पत्तो का बवंडर
और तुम्हारा मेल मिलाप बहुत सुन्दर होता है
बस यही देखने के लिए तो
यंहा रहता हूँ तुम्हारे पास
वरना मै भी बागी बनना चाहता हूँ
अपने मन की करना चाहता हूँ
पर तुम्हारी आदत है मुझे इसलिए
अब यंही रहूंगा
अब जल्दी आओ और बताओ मुझे
.....
.....
......
......

अरे धूप क्यों निकल आयी इतनी जल्दी
जला दी ईमारत मेरे सपनो की!!

प्रेरणादायक

जीवन ज्योति

हे! असहाय मनुज
सहसा दरिद्र हुआ किस तट पर?
है लाख छुपे, गुण तेरे अंदर
फिर क्यूं देह तोड़कर बैठा है?
क्या वो बन सका, सिकंदर
जो केवल हाथ जोड़कर बैठा है?

ध रा धैर्य न अपना खोती है,
हर पल पुलकित यौवन रखती है।
देख! पड़ा है अनंत समुन्दर,
शीतल समीर नित नूतन बहती है।
कुछ विह्वल अकाज हुए तो क्या?
बड़ा वही जो बन्ध तोड़कर रहता है।।

वि स्मित नही कुछ होगा जग में,
हर क्षण तेरा अभिगामी है।
अचल नही कुछ होगा नभ में,

हर कण तेरा ऋतुगामी है।
अतीत आवरण कड़ा हुआ तो क्या?
जय वही जो विप्र जोड़कर रहता है।।

अ नायास फल न लगता वट पर,
वर्षो में बेला आती है।
सहता धूप-घाम, पानी-पत्थर तन पर,
तब जाकर वसंत मञ्जरी लाती है।
अब तक न हुआ कर्ण, तो क्या?
बना वही जो दृढ़ हो श्रम करता है।।

कृषक

रि क्त पद है जो मेरे,
कभी भर लो तुम।
आकर आंगन में मेरे,
थोड़ा ठहर लो तुम।।

त प के तपन से तपित,
हो गये हो यदि तुम?
भूल वस जो सिरह गया,
वो बलवान पुरुष हो तुम।।

नीं द काल मे अनिंद्रित मेरे,
आओ एक झपकी लो तुम।
शुष्क काल मे रक्त मेरे,
आओ शीतल जल लो तुम।।

वि रह, त्याग के वीर मेरे,
नव उत्साह मेरा भर लो तुम।
अविजित साधना के पर्याय मेरे,

मेरा ये समर्थन लो तुम।।

क र्मठ और प्रतिकूल मेरे,
ऐसे कृषक हो मेरे तुम।
उत्तिष्ठत भारत के प्राण मेरे,
ऐसे अन्नपूर्णा हो तुम।।

जीत

ए क राह सुहानी होगी,
वो खुश पल मंजर होगा।
जब उड़ोगे तुम नभ पर,
नीचे विशाल समुंदर होगा।।

वि रलय जग में ऐसा होगा,
पथिक मन व्यथित जब होगा।
वरना मजाल, जो दृढ मनोबल पर,
अल्प आलस भारी होगा ।।

तूबस उड़ा चल, निरंतर,
यह संसार तेरा होगा।
विघ्न जो असमय आया तुम पर,
अंततः वही सर्व सुखदायीं होगा।।

शिव और हम

उ त्तर के दर्शन थे ऐसे,
हिमालय के व्योम शिखर पर,
आनंदित सा अहसास हुआ।
शीतल वायु प्रवाहित थी,
हिम क्रीड़ा में उल्लास हुआ।

नि कट शिखर में योगी बैठे!
ध्यान मग्न थे प्रभु-तप में,
क्रीड़ा से सहसा, विक्षोभ हुआ।
शिव कुपित होकर बोले,
उमा! तप में कैसे ये विघ्न हुआ?

क्रो ध नाथ को ऐंठे था,
क्या भूल हुई अकिंचन से?
ऐसा क्या महा पाप हुआ?
जब महाकाल स्वयं बोल उठे,
अंतः मन, भय का उत्पात हुआ।

म हादेवी मुस्कित हो बोली,
ये अबोध अति-उत्साही बालक है,
जिनका मन हिम से◌े हर्षित हुआ।
प्राणनाथ मन पट शीतल धरो,
आनंद करो उसका जो है हुआ।

त ब शांत चित्त हुए प्रभु देखो!
अभी प्रकाश पुंज गया,
सहसा हिम-बारिश आगमन हुआ ।
था समीप जो वो ओझल हुआ,
क्षण बाद, सब विलुप्त हुआ।।

मंजिल

जोमिल गया वही मंजिल है,
जो बिछड़ गया वही मंजिल है,
जो भटक गया वही मंजिल है,
उचित! जो सीख लिया वही मंजिल है।।
जो बच गया वही मंजिल है,
जो खिल गया वही मंजिल है,
जो गन्तव्य है वही मंजिल है,
रवि ! जो पुरुस्कृत है वही मंजिल है।।
जो बीत गया वही मंजिल है,
जो आएगा वही मंजिल है,
जो रूठ गया वही मंजिल है,
निसंदेह! प्रत्येक वाक्य यहाँ मंजिल है।।

इतिहास की दहलीज

मे रे ख्वाबों को अब, उड़ने दो खुले आसमान में।
नही रुकेंगे ये अब, तुम्हारे सीमित खलिहान में।।

मैंसमेटें हूं सभ्यता सिंधु और महाभारत काल की।
हूं मैं वो आज भारत, जो खड़ा है अभिमान में।।

नी ति देखी अनीति देखी, निर्झर श्मशान देखे।
शुंग से चलकर मुग़लों तक, बेरहम तलवारे देखी।।

द बाएँ हूं सीने में कितने शव, गजनी के काल से।
हूं मैं वो आज भारत, जो नही ढहा अपमान में।।

क रूँगा अब स्थान हासिल, श्रेष्ठ है जो जहां में।
लाल मेरे पल रहे, अब बुलंदियों को छू रहे है।।

ढू ढ़ता हूं फिर भी एक नायक, नेहरू के काल से।
कौन मुक्त करेगा भारत? जो पड़ा है पाकिस्तान में।।
हूं मैं वो .

मंजिल की तलाश

त लाश जारी है मेरी मंजिल की,
मैं बैठा हूँ अपनी उलझन में।
ख़ामोशी को दबाये हुए ,
माथे पर सिकन बनाएं हुए |
और यूँ न देखो मेरी ओर,
बिना पलके झुकाये हुए |
अभी तो बस चंद लम्हे बीतें है जिंदगी के,
तलाश जारी है मेरी मंजिल की |
हूँ ऐसा, बस यूँ ही बैठा रहता हूँ,
महीनों तक बिना मुस्कराये हुए |
कभी देखा है बिना सावन के,
कोयल को कूक राग लगाए हुए ?
देख रहा हूँ टकटकी लगाए हुए |
की बस जाने वाले है, वो पल जिंदगी के,
तलाश जारी है मेरी मंजिल की |
सुबह से सायं तक चलते हुए ,
दोपहर से रात तक बदलते हुए |

कभी मौसम नहीं बदलते मेरे,
ग्रीष्म से शरद तक बादल घुमड़ते हुए |
कबसे नहीं देखा खगो को भी उड़ते हुए |
उम्मीद में की कुछ रूप बदलेंगे जिंदगी के,
तलाश जारी है मेरी मंजिल की ||

आशा और निराशा

ज ब तेरा मेरा विलय हुआ,
तब जाकर मैं अक्षुण हुआ,
आभाष हुआ कि जैसे पंछी बोलेंगे,
सतरंगी सुबह अब नूतन नयन खेलेंगे।

प र देख आज मैं कैसा बैठा हूँ,
अविजित खण्ड सरीखा लेटा हूँ ।
सांस नही है जीवन में जैसे,
फिर भी कैसे विरह वियोग में तड़पा हूँ।

ऐअश्रु तुम श्रवण करो,
ऐसे न अब विलाप करो, बस यही मैं कहता हूँ।
जीवन चिंतन और मरण है,
फिर क्यों "आशा" पर विप्लव क्रंदन करता हूँ ?

नैतिक चेतना

इ न उजली उजली गलियों में,

कुछ सीखूं,

कुछ पलटूं,

मैं पन्ने पुस्तक के,

कुछ ऐसा देखु जो न मन भाए,

जो न देखु सो मन ललचाये।

ऐसा मैं उद्गार बनु,

करे हरण जो मेरे अंतः मन का,

मैं "कवि" उसका प्रतिकार करु ।।

फेक हलाहल निष्क्रियता का,

कुछ गढ़ूं,

कुछ उलटूँ,

मैं मिट्टी खेतों की,

कुछ ऐसा बो दूँ जो छा जाए,

जो न बोऊ तो भी हरियाये।

ऐसा मैं बया बनु,

हो दबिश जहाँ,

सघन तपन की,

मैं "कवि" फिर नीड निर्माण करु ।।

आशातीत

सो चता हूँ मैं आज बैठ कर,
अलविदा अब कह दूं तुमको।
फिर बारी बारी न आओगी,
ऐसी बारिश सी न बरसोगी।।
है बड़ा उचकोत रेतीला तेरा,
जाती हुई बेला कह दूं तुमको।
तब तन मन पीड़ा न लाओगी,
ऐसी विरह सी न तड़पाओगी।।
अलिंगन करलूं प्रभात किरण को,
अब मेरी निष्ठा नही रही तुमको।
चाहे ला दो चमत्कार चहुभुज से,
निद्रालस! मुझे न अब पाओगी।।

माँ

मैंस्वपन हूँ तेरा,
तूने मुझे सजोया है।
सर्दी हो या बारिश,
तपती धूप के थपेड़ो में भी,
तूने मुझे पिरोया है।।

येधैर्य ही है तेरा,
जो इस शिद्दत से मुझे बोया है।
सुबह हो या शाम,
मेरी अनन्त शैतानियों से अपनी,
रातों की नींदों को खोया है।।

दे ख माँ !स्वपन साकार हुआ है तेरा,
जिसको हर पल तूने ध्येया है।
आज हो या कल,
तेरे हर सपने अब मेरे होंगे,
बता अब क्या नया सजोया है?

जीवन

क र्म है जीवन बस करते रहो,
धर्म है जीवन बस धरते रहो।

प ल पल सृजन करो मिट्टी पर,
जलधि है जीवन, मथते रहो।।

ल क्ष्य है जीवन, उसे भेदते रहो,
दिवस है जीवन, बस देखते रहो।

क ल कल का कलरव है नदी पर,
परिवर्तन है जीवन, बदलते रहो।।

बिम्ब तेरा

तू , सद्रश है उस उमंग की ,
प्रकृति है जिस रंग की |
तू रूप है उस अंग की,
ध्वनि है जिसमें मृदंग की |
तेरी चाल है हिरन सी ,
तेरी स्फूर्ति है किरण सी |
तू धड़कन है मेरे दिल की ,
देख लेने दे एक नजर,
तू "पुलकित "राग है मेरे पसंद की ||

ज ब तेरा दर्पण मिलता है ,
मन मचल-मचल सा उठता है |
दिल धीरे-धीरे चलता है ,
भाव भंगिमा देख तू मेरी ,
कुछ मंद-मंद सा खिलता है |
तू खुसबू है कस्तूरी सी ,
महक है प्रभात की,

ऊषा है सिन्दूरी सी ।
भर लेने दे मुझे एक पहर ,
जो पुष्पित सुगंध है तेरे अधरों की ।।

ज ब क्षितिज मन तू आती है ,
तब ठहर-ठहर सा जाता हूँ ।
तू समीप मेरे बैठी है ,
मैं कुछ भी न कह पाता हूँ ।
मन ही मन ये कहता हूँ ,
तू उड़ी पतंग है अम्बर की
तेरे निश्चल निर्भय हिचकोलों पर..
मैं सँवर-सँवर सा जाता हूँ ।।
देख के तेरे मृग नैनी लोचन ,
मैं हर्षित हर्षित हो जाता हूँ ।।"

इश्तेहार

यं हा हर शख्स मसरूफ है अपने ही इल्म पर,
किसी ने लिखी है इश्क़-ए-दास्ताँ अपनी,
किसी ने गैरो की हवेली में ही अज़ान दे दी,
देख हरकत, इन खुदगर्ज, दौलत परस्तों से
गरीबों को एक लब्ज़ भी नसीब न हो सका ||

को ई तो सोचो उस मासूम के लिए
है बदरंग जो बैठा सूखी डाल तले
जिंदगी की कस्मकश में
देख जलता उसका पिता, तपती लू के थपेड़ो से
बदनसीब, एक जून के रोटी भी न कमा सका ||

म कतब में बैठे हुए कलम के हुक्मरानो,
कुछ कहोगे? इस कुंठित मुस्कान के लिए,
हुई थी ईदी जिसकी किसी और ज़माने में
देखो बहार निकलकर, उन आलीशान महखानो से
एक जिंदगी ऐसी भी है जिसको हर कोई न जी सका ||

भगवान शिव और हम

उ त्तर के दर्शन थे ऐसे,
हिमालय के व्योम शिखर पर,
आनंदित सा अहसास हुआ।
शीतल वायु प्रवाहित थी,
हिम क्रीड़ा में उल्लास हुआ।

नि कट शिखर में योगी बैठे!
ध्यान मग्न थे प्रभु-तप में,
क्रीड़ा से सहसा, विक्षोभ हुआ।
शिव कुपित होकर बोले
उमा! तप में कैसे ये विघ्न हुआ?

क्रो ध नाथ को ऐंठे था
क्या भूल हुई अकिंचन से?
ऐसा क्या महा पाप हुआ?
जब महाकाल स्वयं बोल उठे,
अंतः मन, भय का उत्पात हुआ।

महादेवी मुस्कित हो बोली,
ये अबोध अति-उत्साही बालक है,
जिनका मन हिम से◌े हर्षित हुआ।
प्राणनाथ मन पट शीतल धरो,
आनंद करो उसका जो है हुआ।

तब शांत चित्त हुए प्रभु देखो!
अभी प्रकाश पुंज गया,
सहसा हिम-बारिश आगमन हुआ ।
था समीप जो वो ओझल हुआ,
क्षण बाद, सब विलुप्त हुआ।।

परिचय

अ ब पूछ कहा रहा है तू मनचला,
कभी राह न भटका देना मुझको।।

मैंथीर नही हूँ भावना के तट पर,
यूँ डूबी कश्ती न अब देना मुझको।।

नकृषक हूं, संघर्ष का स्वामी,
न सैनिक हूं, साहस का अभिमानी,

नस्त्री हूं, त्याग, समर्पण की प्रतिमा,
फिर रात्रि शिविर न छोड़ देना मुझको।।

जीने जी जद्दोजहद

क्यो रूठी तमन्ना है मेरी मुझसे?
कच्ची उमर में बैठा हूँ ऐसे।
माई ने भेजा मुझे
पैसे कमाने को
सपना मेरा था कभी
छोटू संग स्कूल जाने को।
देखता हूं लिखा हुआ
तो,अभी भी लगता है कि
पड़ सकता हूँ जैसे
सहसा याद आती है , मालिक की,
तब लगता है कि,
कुछ नही कर सकता हु ऐसे।
अखबारों पर चाकू चलाने का
दिल नही करता
पर क्या करूँ ?
चाकू न चलाऊ तो !
शाम को पेट भर खाना भी नही मिलता।

खिड़की

रात को रोता हुूँ

अखबारी तस्वीरों को याद करके।

सोचता हूं की!

काश पन्ने पड़ ही पाता उनके

मम्मी ने बोला था,

एक दिन छोटू से मिलाएगी

पर कल छोटू ही,

मुँह फेर गया

जब देखा मैनें उसे

अपने पापा की स्कूटी में बैठे।

...... अबे जल्दी कर ग्राहक भगाएगा क्या??

ओहह!! कंहा था मन मेरा

बस अभी लाया मालिक!

छोटे-छोटे करके।।

टोक्यो की हल्दीघाटी

टो क्यो की हल्दीघाटी में राणा फिर कूद गया,
भेद भाला उम्मीदों का लाखों को जीत गया।
तन सुदृढ़, उठी भौह, है चौड़ी छाती जिसकी,
वह नीरज! फेका ऐसा जो कोसों तक दूर गया।।
सिंघों के वन में था वह ऐसा सूबेदार समशेर,
जहाँ सब उछल पड़े जैसे हुआ मानसिंह आज ढेर।
वाह! ऐसा भी करतब अब कब कँहा होता है,
जंहा सवा करोड़ का भार लिए कोई एक कूद गया।
टोक्यो की हल्दीघाटी में...
वैटर बोल गया अतिबोली, गया समय को भूल,
समय हुआ जब बलवान, तब कुसुम बना है सूल ।
गया भाग्य से चूक नदीम, फेका भाला जैसे हथगोला,
राणा का चेतक सच 'आसमान का घोड़ा' सा झूल गया।
टोक्यो की हल्दीघाटी में...

आशाएं

जो मिलती मुझको

ते री छाया होती जो मुझमें
मैं विस्मित होता तेरी बाहों में,
वो प्रीत मेरी तुम पाती
उन अमर प्रेम की राहों में ||
तुम होते सपनों के सावन हो
जेहन की जो भाषाओं में,
वो प्रेम की रचना पाती तुम
उन संगीत की झंकारों में ||
तेरी झलक जो मिलती मुझको
रेशम की गलियों में,
वो प्यार की पंखुड़ी पाती तुम
उन निर्झर की टंकारो में ||

तू प्रीत मेरी

मैं ताल तेरा,
तू संगीत मेरी,
हर हार मेरी,
हर जीत तेरी,
हर हाथ मेरा,
हर रंग तेरा,
हर सपने तेरे,
और मेहनत मेरी,
हर अश्क़ तेरा,
और हथेली मेरी,
हर खुशी तेरी,
और शोहरत तेरी,
सावन के बारिश की हर बून्द हो तेरी।
बस ऐसी हो प्रीत मेरी।।

मैंराग तेरा,
तू विलाप मेरी,

हर इकरार मेरा,

हर इनकार तेरा,

हर विछड़न मेरी,

हर आवेश तेरा,

हर नासमझ तेरी,

हर बेचैनी मेरी,

हर तकरार तेरी,

और क्रंदन मेरा,

हर हँसी तेरी,

और दुनियाँ तेरी,

बहती नदी की हर धार तेरी।

कुछ ऐसी है प्रीत मेरी।।

ख्वाहिशें

क भी कभी लगता है कि वक़्त की सिलवटों को हथेली से सँवार दूँ,
जो नसीब में नहीं भी लिखा उसे एक पाषाण में उतार दूँ।
दिन ब दिन हुए बदलावों को स्थायित्व में ढाल दूँ,
कैसी है ये उलझनें मेरी? कब तक इनको अपना विचार दूँ?

मे रे सपने भी उड़ती रेत के ढेर से कम नही है,
पतझड़ में उड़े पीले पत्ते की यात्रा से कम नही है।
वजह बेवजह जो शब्द खोजे वो हम नही है,
लू से झुलसी कुसुम की जड़ों को ही मैं अपना श्रृंगार दूँ।।

को मल उड़ती तितलियों के उन पँखो को उड़ान दूँ,
जो नभ में निरंतर गूंजती रहे वो मैं हुंकार दूँ।
ओढ़ कर बैठूं आँचल उसका नीले अम्बर के तले,
जब जब उसकी याद आये तब तब उसको पुकार दूँ।।

इक़रार-ए-इश्क़

रा त गुज़र गयी है तेरी यादो में ,
वो इश्क़-ए-मरहम न मिला है मुझको,
दिल थाम कर बैठ जा साथी,
अब इश्क़-ए-बारिश करनी है मुझको।
रूह मेरी अब कम्पित होती,
कुछ हरकत करनी है मुझको।
तू क़बूल-ए-चमन होगा मेरा,
अब इज़हारे-ए-गगन करना है मुझको।
एक रहबर हो तेरे जैसा,
खिली धूप संग रहना है मुझको।
सिरहाने रखी हो किस्मत जैसी,
वो दुपकी निंदिया अब लेनी है मुझको।
आसमानी हो ख्वाब जैसे,
वो भव्य दृश्य बनना है मुझको।

छाया तेरी यादों की

च न्द लम्हे है तुम्हारे पास मेरे,
सहेजकर रखूंगा उनको |
नाकाफी है वो घड़ियां सवरने को मेरे,
अब न लौटऊगा तुझको ||

अं कित है वो झनकारे मन में मेरे,
बैठ गुनगुनाता हूँ उनको |
सजे थे सपने जो यादो में तेरे,
अब न बताऊँगा तुझको ||

हैतेरी जो लकीरे किस्मत में मेरे,
ले प्रस्तर मिटाऊँगा उनको |
रुका प्रवाह है जो तन में मेरे,
अब न बहाऊंगा उसको ||

जोआकांक्षाये है थी दिल में मेरे,
भूल जाऊंगा उनको |

हुए थे जो सपने पूरे मेरे,
अब न भुलाऊँगा उनको ||

हसींन सा सपना मेरा

आतुझे दुल्हन बना दूँ,
मैं अपने आँगन की।
कली से कुसुम बना दूँ,
मैं अपने उपवन की।
प्रभात की मैं वो बूंद बना दूँ,
ओस हुई है जो दूबा की।

म हक उठे जो वो सुगंध बना दूँ,
शीतल हवा चली है संध्या की।
जो मंडराए वो भंवर बना दूँ,
मेहमान हुई है कलियों की।
आ जाओ मैं लगन लगा लू,
मधु हो तुम मेरे धड़कन की।

शिद्दत है तुझे पाने की

ते री मोहब्बत में खोया हूं आज,
दिल कहता है, हद से गुजर जाऊ |
देदे मुझे अपने दिल मे जगह,
फिर मैं नए आसियाने का आगुन्तक बन जाऊ ||

ते री चंचल हसी का जवाब नही है,
तो क्यूँ न तेरे होठो की पहचान बन जाऊ ?
तेरी खूबसूरती का कोई विकल्प नही है,
तो क्यूँ न मैं इसका हक़दार बन जाऊ !

हैतू ताल इस जंहा की,
तो क्यों न मैं तेरा राग बन जाऊ |
देदे मुझे अपनी पलकों में जगह,
तो मैं तेरे नयन का काजल बन जाऊ ||

तूचाँद है इस धरा की,
तो क्यूँ न मैं तेरा प्रकाश बन जाऊ?
देदे मुझे अपनी रास्तो में जगह,

तो मैं तेरा हमराही बन जाऊ !!

तू तरंग है जलधि की,

तो क्यूँ न मैं तेरा साहिल बन जाऊ?

देदे मुझे अपनी दिशाए तो

मैं आकर तुझसे मिल जाऊ ||

स्वच्छन्द अहसास

तू धड़कन है उन अहसासों की ,
जो पलक ढले ही गुम हो जाये |
तू हकीकत है उन लम्हो की ,
जो जाकर वापस न आये||
ऐ जिंदगी तू कितनी झूठी है,
क्यू सिखाती है वो ही जो समझ न आये ?
मेरे कर्मो-ओ-खुदा जितना भी सीखा है,
आजमाना चाहा है हरदम |
गए है जिस भी मंजिल तले,
टूटा पाया अपना हर कदम |
ऐ उम्र-ए-तजुर्बे क्यू बताई है वो ही रांहे?
जो ठीक मंजिल के समीप ही ख़त्म हो जाये||
कह सकते है कुछ लोग,
कि नही किया होगा प्रयाश मैने |
पर नही है सच ये कहना तुम्हारा,
बचा रखी थी मैने भी कुछ आश

इसलिए बदली थी मंजिले राहों के साथ

कमबख्त गयी और भी वो बढ़ हमारी चालो के साथ ॥

तू चाँद है मेरा या है नहीं

दे ख चाँद तू घूँघट में रहा कर,
वरना मेरा घर रोशन होता है ।
क्यों नही समझता तू ?
आदत हो गयी है मुझको तेरी,
नही रह पाता हूं मैं,
जब सुबह तू है चला जाता।

मा ना कर न यार,
दिल है मेरा भी,
वरना बहुत रोता है।
क्यों नही तू रुकता कभी ?
देख तू आए तो सपने बनते,
पूरा भी न कर पाता हूं मैं,
और तू तोड़ उन्हें चला जाता।

स मझा कर न यार,
मन है मेरा भी,

वरना बहुत रोता है।

क्यों नही बैठता पास मेरे ?

देख तू आया मेरी उम्मीद बडी,

गुलशन मे पुलकित होता हूं मैं,

और तू रुला मुझे, आगे बढ़ जाता।

रु क जा न यार,

घर है मेरा भी वरना सूना लगता है।

नही तो तू अब,

चाँद घूँघट में ही रहा कर,

वरना मेरा घर रोशन होता है।

अहसासों की पोटली

ये इश्क़ मुकम्मल है हमको,
उस रंग उड़ाती दुल्हन पर ।
भर गयी नित नई उमंग,
उसकी मृगनयनी पलकों पर ।।

क्या खूब कहा है उसने हमसे,
हम चल बैठे है उसकी गलियां ।
सुन कर उसकी ये हस्त कलाएं,
हम जा बैठे व्योम शिखर पर ।।

है हस्तो पर कल्पित तूलिका,
आवेग कुशुम सा आकर बैठा ।
है उसके जो अठखेले सपने,
दिए छाप हमने अंजन दृग पर ।।

म न स्मृत है आभा उसकी,
चित्रपटल पर है छाया उसकी ।
वसंतदूत बनी आहट उसकी,

आ बसी है हृदयांश बनकर ।।

सु रभि सा मृदु है अम्बर उसका,
स्पर्श मात्र उनमोदित कर दे ।
सुंदर आँचल है उस पट का,
समा गया जो शीतल मन पर ।।

नि त निर्माण हुआ नयनो का,
पग-पग में वो मुस्कान भरे।
पंख सरीखे सपनो से वो,
हुयी परी सुदूर गगन पर ।।

प्रीत लगा ली नैनों ने

प्री त लगा ली नैनों ने,
दिल दिलदारियां भर आया।
भुजा फिरंगी हुई है आज,
मन मन-गलियां घूम आया ।

नै नों की बस्ती रंग भरी थी,
कदम कदम पर बसंत खिली थी ।
उस पगली हसती लड़की के मुख पर,
मुझे सूरज की पहली किरण मिली थी ।

ल चक थी ऐसी उसकी नज़रो पर,
जैसे जब कदम्ब की डाल हिली थी ।
नयन नखरे नाज़ उस पर ,
नयन नगरी पवित्र खड़ी थी ।

दि ल दबंग हुआ था मतवाला,
तो नशा हुआ था मधुसालय ।
जब दिल दीदारे किया था उसको,

तब रूप हुआ था कवितालय ।

त रंगित ह्रदय हुआ था उसका,
तब ह्रदय हुआ था हर्षालाय।
द्रवित दिल अब नही था उसका,
पुलकित ह्रदय हुआ अब पुष्पालय।

म न मन्द-मन्द मुखित हुआ,
मानो वो मुस्कान भरे।
जो अपनों से था व्यथित हुआ,
अब दूर गगन जा उड़ान भरे।

ल य, ताल, राग अब संगीत हुआ,
बेराग राग भी अब राग बने।
ये मनवा भी अब मधुमित हुआ,
वजह बेवजह अब उड़न भरे ।

ममता की परछाई

ज रा थाम ले मेरा दामन कंही फिसल न जाऊ मैं,
रोक ले मुझको आके तू कंही दूर निकल न जाऊ मैं।
बचपन से तूने बड़ा किया कंही चला न जाऊ मैं,
वो तेरे मेरे सपने थे जो कंही बिखरा न आउ मैं।
चला हूँ जिन राहों पर कंही गुम न हो जाऊ मैं,
भटका हूँ जब राहो पर अब किसको बुलाऊ मैं।
एक आँचल तेरा है नही,अब कैसे आंसू पोछु मैं,
क्या सोचकर बड़ा हुआ कैसे अब बतलाऊ मैं।
धूल भरे पैरों से जब तेरे गोदी सो जाऊ मैं,
बंगलों में भी वो नींद न आती कैसे यह बतलाऊ मैं।
तेरी सूखी रोटी भी कितनी मीठी समझकर खाऊ मैं,
पिज्जे से भी वो भुख न मिटती कैसे अब मिटाऊ मै।
कान नही जब पकड़े कोई तो क्यों अब रोउ मैं,
अश्रु बहने को बैठें है पर अब कैसे उन्हें बहाऊ मैं।
तू खिलखिला कर हस्ती थी जब भी मुस्कराउ मैं,
अब ख़ुश भी नही होता कोई तो क्यों अधर उठाऊ मैं।

अब नही रहा जाता दूर तुझसे मुझको,दिल करता है,
फिर उसी समुन्दर सरीखी दुनिया में उतर जाऊ मैं।।

उज्जवल कामना

प्रा ज्ञ शुभारंग शुरू हुआ,
हिन्द पताका फहराएगी ।
हर व्यक्ति होगा अखिल दक्ष,
अब पुष्पित शुबह हो जाएगी ।

अ बकी इस होली में,
तरणि-तनुजा जल लाएगी ।
रंग भरा हुआ होगा जो,
पिचकारी वो फैलाएगी ।

अ बकी ज्वार तेज होगा,
कपट पताका हिल जाएगी ।
देख कपटी भी विचलित होगा,
जब नौका हिचकोले खायेगी ।

अ बकी बार जब सूरज होगा,
शिथिल धुप ढल जाएगी ।
उस नई सवेरी किरण में,

अब भारती खिलखिलाएगी |

कंठित होगा नया राग,
हर खग नित संगीत बनाएगी |
विपुलव हुआ मैदानों में,
खुशियाँ हिमालय जाएंगी |

र मणी होगी हर स्त्री,
पौरुष रूप दिखाएगी |
विदुषी होगी जेहन से,
अम्बर पर छा जाएँगी |

न ही सोयेगा जब भूखा कोई,
प्रकृति भी मुस्कायेगी |
उम्मीदों की मीनारें होंगी,
सफलता चोटियां बनाएगी |

छ द्म,पाखण्डो और हथकंडो से,
ये वसुंधरा मुक्त हो जाएगी |
जब हुई है लड़ाई दनुज से,
तो निश्चय ही विजय आएगी |

एक शाम सुहानी सी

दे ख पायल तेरे पैरो की
राग बजने लगे
चार बुँदे क्या गिरी
सब वापस लौटने लगे
संध्या भी न हो पायी
बयार चलने लगे
चिपचिपाते पैर भी अब
तेज चलने लगे
खेतो की रौनके अब
ग्राम को बढ़ने लगे
बैठे बगुले मेड पर
सहसा ही उड़ने लगे
पेड़ो की चहचाहट बढ़ती पर
अब सन्नाटे परसने लगे
सूरज जा छुपा मेघो पर
हम निशा को बढ़ने लगे
रंग उड़ाती तितलियो के

पंख जोर भरने लगे

देश भ्रमण पर निकले खग

घोषलों पर लौटने लगे

मनोरम हुआ ग्राम जीवन

मृदंग बजने लगे

नन्हे-नन्हे, बौछारो पर खिलखिलाने लगे

दुपकी जिंदगिया जलाशयो पर

अब बुदबुदाने लगे

खड़े थे जो घर अब तक

टप-टपाने लगे

मोर बैठे जो खपरैलों पर

अब बोलने लगे

चार बुँदे क्या गिरी

सब वापस लौटने लगे..

तुम्हारा खयाल

तु म्हारा खयाल
जैसे सोंधी खुसबू मिट्टी के बर्तन की,
टप-टप गिरती बूंदे बारिश की,
फूट रही हैं ऊषा किरणें जैसे,
कंही पार्वती ने तेरी सिफारिश की।।

तु म्हारा खयाल
कभी उफनती जल-धारा नदियां की,
जैसे भीषण बिजली तड़की सावन की,
उड़ती कटी पतंग ऊंचे अम्बर में जैसे,
पंख काट गयी दोनों, उड़ते पंछी की।।

अहसास

य ह अहसास है तेरे चुम्बन का
घुघरालें बालो का,
काली आँखों का,
कोमल काया का,
जो मदहोश कर गया है मुझको ।

य ह आवाज है तेरे अधरों की,
मर्म सासों की,
धड़कती धड़कनो की,
झपकती पलकों की,
जो ध्वनिक कर गयी है मुझको ।

य ह नशा है उस अतरंग पल का,
दूधिया बांहो का,
कामुक बदन का,
सर्पित कमर का,
जो मुश्कित कर गया है मुझको ।

यह दृश्य है उस मनोरम क्षण का,

जूही-तन का,

समर्पित मन का,

भाव निश्छल का,

जो अपना कर गया है मुझको ।

गुरुर मेरा

कुछ अल्फ़ाज़ उनके ऐसे है कि
वक्त की समंदर भी न ढक पायेगें।
तकीजे उनकी मुस्कुराहटों के
उमर भर दरवाज़ा मेरा खटखटाएंगे,
छिटककर खुलते नयन पट उनके,
मेरी मुस्कान बन जायेंगे।।
अम्बर! है तू अलबेला,
तेरी शालीनता की सीमा नही,
तेरे बदलते बादलों की सूरत भी
कभी उसकी मूरत न बना पाएंगे।।
गौर करके आना कभी आँगन में उनकेहैं!
कितने खूबसूरत वो!!हम तुम्हे बैठ कर दिखाएंगे
उतार कर चाँद तू रात में,
नगुज़ार कोशिस क्यों करता है?
उनसे खूबसूरत दिखने की!
तू पहले रुखसत ही रख ले
मेरे महबूब जैसी!!

तब बात करते है उनकी रौनकों की।।

तेरे दिल की कसक समझता हूँ,

और, तकल्लुफ भी है मुझे,

पर मत कर ख्वाहिश उनसा दिखने की,

होंगी हसरतें पूरी तेरी!

बस तू साथ दिया कर मुस्करा कर

उनकी स्फुटित हँसी का!

क्योकि जवाब नही है मेरी

मोहब्बत की इठिलाती रवानगी का।।